OFICIAL FORTNITE

¿DÓNDE ESTÁ JONESY?

CAZA DE BOTÍN

ILUSTRACIONES DE JOMIKE TEJIDO

hachette
INFANTIL

Publicado por primera vez en Reino Unido por WILDFIRE,
un sello de HEADLINE PUBLISHING GROUP, en 2021

HEADLINE PUBLISHING GROUP
An Hachette UK Company
Carmelite House
50 Victoria Embankment
Londres, EC4 0DZ

Ilustraciones de Jomike Tejido
Diseñado por Amazing 15

Edición española

Juan Ignacio Luca de Tena, 15. 28027 Madrid

Dirección del proyecto editorial: Emmanuel Christien
Edición: Carmina Pérez
Asistente editorial: Sonia Fonseca
Producción: Juan Antonio Barras
Realización editorial: Pablo Pozuelo

www.hachetteheroes.es

Traducción: Keywords Studio Spain

ISBN: 978-84-18182-22-8
Depósito legal: M-23194-2021

PAPEL DE FIBRA
CERTIFICADO

¿BUSCAS ALGO DE ACCIÓN?

Es un día cualquier en la divertida y frenética isla de Fortnite. Jonesy ha saltado del autobús de batalla directo al fragor del combate, junto a varias caras conocidas del juego. ¿Serás capaz de encontrarlo entre todo el caos mientras se abre paso a través de un mapa en constante cambio?

Además de Jonesy, también habrá un montón de trajes y objetos para encontrar en cada escena. Usa las casillas que aparecen al final de la página para saber qué tienes que buscar. El número de cada una indica cuántos objetos hay ocultos en las imágenes. Y no pierdas de vista las sorpresas secretas: recuerda que, cuanto más busques, más encontrarás...

¿Podrás encontrar lo que buscas? Las respuestas están al final del libro.

Z Z Z
4
5
6
7

2
9
3
5

7
5
6
8

ZZZZ
7
5
9
7

14

8
7
6
6

12
9
3
6

5
7
6
8

7
5
6
7

8
8
5
6

9
9
9
9

SOLUCIONES

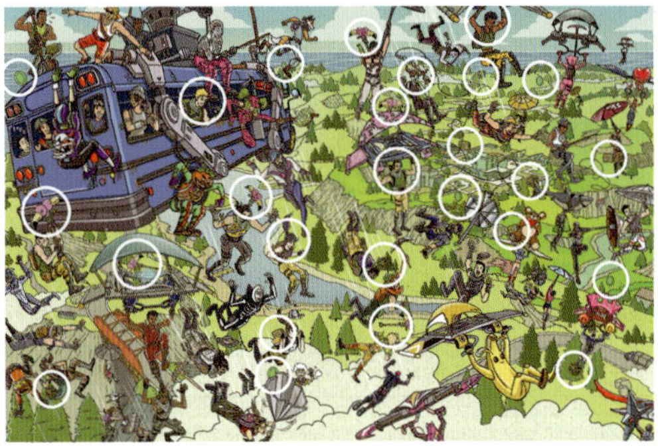
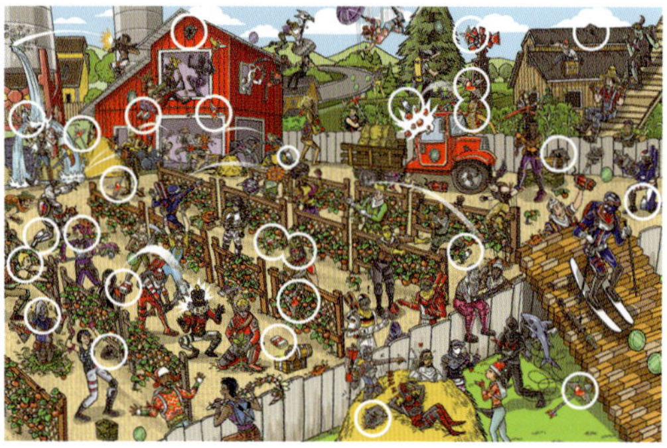

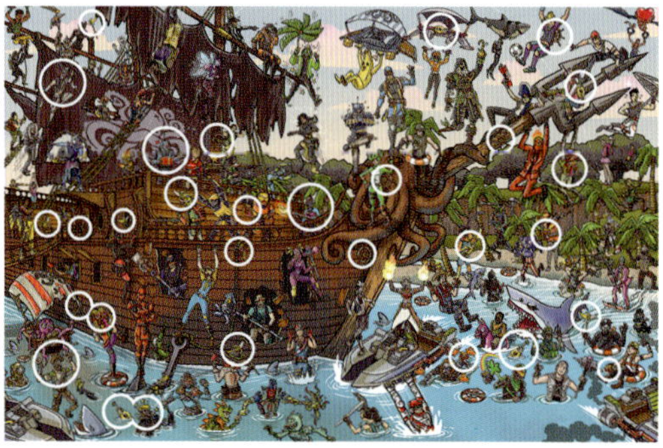
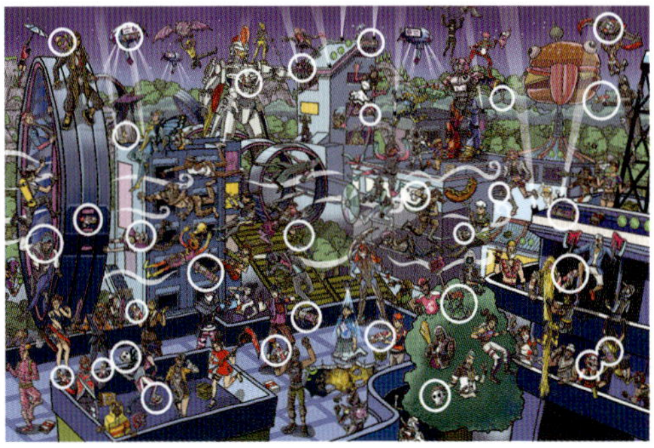